Bibliografische Information der Deutschen Nationalbibliothek:

Die Deutsche Bibliothek verzeichnet diese Publikation in der Deutschen National-
bibliografie; detaillierte bibliografische Daten sind im Internet über http://dnb.d-
nb.de/ abrufbar.

Impressum:

Copyright © 2017 GRIN Verlag, Open Publishing GmbH
Druck und Bindung: Books on Demand GmbH, Norderstedt Germany
ISBN: 9783668612181

Dieses Buch bei GRIN:

https://www.grin.com/document/387258

Daniel Steffen

Unterweisungsentwurf zur Montage einer Steckvorrichtung mit dem Schwerpunkt Elektrotechnik

GRIN Verlag

Entwurf für die Unterweisung Schwerpunkt Fachinformatiker/in

Steckvorrichtung montieren

Schwerpunkt: Elektrotechnik

Von Daniel Steffen

2013

Inhaltsverzeichnis

1.Persönliche Angaben

1.1   Persönliche Angaben des Auszubildenden

Name: Sebastian
Vorname: Mustermann
Alter:18
Schulbildung: Realschule
Ausbildungsberuf: Fachinformatiker
Ausbildungsjahr: 1. Lehrjahr

1.2   Soziologische Situation des Auszubildenden:

Sebastian Mustermann ist 18 Jahre befindet sich im 1. Ausbildungsjahr. Er erwarb vor einigen Monaten sein Schulabschluss. Er ist wohnhaft bei seinen Eltern in der Innenstadt von Frankfurt. Seine Mutter ist in einem großen Industrieunternehmen tätig und sein Vater ist Elektriker. Peter ist immer freundlich und sehr zuvorkommend anderen Mitarbeitern und Kunden gegenüber

Der Auszubildende hat eine gute Auffassungsgabe und bemüht sich, die Tätigkeiten gewissenhaft auszuführen und versucht kleinere Arbeiten eigenständig durchzuführen.

In den praktischen Übungen hat sich gezeigt, dass der Auszubildende durch Vormachen und Erklären die einzelnen Zusammenhänge besser versteht und erkennt, um sie anschließend in der Praxis umsetzen zu können.

Aus diesem Grund habe ich die **Vier-Stufen-Methode gewählt**, um einen größtmöglichen Lernerfolg bei ihm zu erzielen.

Der Auszubildende wurde bereits zum Thema im Betrieb unterwiesen und besitzt dadurch theoretische und auch einige Praktische Vorkenntnisse.

1.3 Entwicklungsstufe des Auszubildenden

Der Auszubildende Ist sehr aufgeschlossen gegenüber anderen Auszubildenden und dem Ausbilder. Er ist groß und hat eine kräftige Statur. Nach außen wirkt der Auszubildende immer etwas gelassen und ist eher ruhig.

1.4 Ausbildungssituation des Auszubildenden:

Der Auszubildende führt die ihm gestellten Aufgaben zuverlässig und mit sehr viel Konzentration sauber und motiviert aus.

1.5 Bedeutung für den Beruf

Die Bedeutung für den Beruf ist eine sehr wichtige. In dem Rahmenlehrplan ist folgender Punkte aufgeführt.

→ Grundlagen Informations- und Telekommunikationstechnik

1.6 Ort und der Zeitpunkt

Damit dem Auszubildenden die Nervosität genommen wird und es sehr praxisnah ist, findet die Unterweisung in der Werkstatt statt. Mittwochmorgen gegen 09:00Uhr erfolgt die Unterweisung. Es ist medizinisch erwiesen zu diesem Zeitpunkt die Leistungsfähigkeit am höchsten ist.

Für diese Unterweisung habe ich mich für die **Vier-Stufen-Methode** entschieden da diese Methode sich in fast jedem Fall praxisnah anwenden lässt und die logische denkfolge des Menschen berücksichtigt.

Andere Methoden wie die Leittextmethode können den Auszubildenden überfordern Des Weiteren ist die Sechs-Stufen-Methode sehr zeitintensiv und kann daher nicht im Rahmen von Kundenarbeit etc. angewendet werden.

Für eine Unterweisung gibt es laut Fachbuch vier Methoden:

- Drei-Stufen-Methode
- **Vier-Stufen-Methode**
- Sech-Stufen-Methode
- Leittextmethode

2.Didaktische Analyse

2.1   Methoden

Vier-Stufen-Methode:

1. Stufe: Vorbereitung und Motivieren des Auszubildenden
- *Begrüßung durch den Ausbilder*
- *Vorstellen der Person*
- *Bekanntgabe des Unterweisungsthemas und des Zieles*
- *Wissenstand ermitteln z.B. UVV*

ca. 2 min

2. Stufe: Vormachen und Erklären durch den Ausbilder
- *Durchzuführende Arbeiten erläutern*

ca. 4 min

3. Stufe: Nachmachen und erklären lassen durch den Auszubildenden
- *Selbstständiges Vormachen*

ca. 6 min

4. Stufe: Üben und Festigen des Gelernten
- *Im Anschluss der Unterweisung eigenständiges Arbeiten*
- *Auswertung durch den Ausbilder und Verteilen*

ca. 7 min

Für das Lehren von einfachen Fertigkeiten in der Handhabung ist das Vorgehen der einzelnen Arbeitsschritte sehr vorteilhaft.

In den einzelnen Teilschritten z.B. die Abdeckung der Verkleidung bekommt der Auszubildende diese genau von dem Ausbilder begründet. (Was?, Wie?, Warum?)
Das anschließende Üben veranlasst einen nachhaltigen Lernerfolg und der Auszubildende wird zusätzlich motiviert

Durch die Vier-Stufen-Methode wird in kürzester Zeit viel Inhalt vermittelt.

2.2 Zielklarheit

Voraussetzung für die Unterweisung ist die Zielklarheit, die durch eine klare und konkrete Formulierung der Lernziele erreicht werden kann. Nach der durchgeführten Unterweisung, soll der Auszubildende in der Lage sein, dass Gewinde selbstständig nachzuarbeiten.

2.2.1 Richtziele (Makroziel):

Erlernen von Kenntnissen und Fähigkeiten aus dem Ausbildungsberuf. Planen und organisieren der Arbeit und Bewerten der Ergebnisse.

2.2.2 Groblernziel:

Der Auszubildende erlangt Kenntnisse und Fähigkeiten im Bereich:
Wie er unter Einhaltung von UVV sowie Qualitätsmerkmalen die Übung richtig durchführt. Des Weiteren ist er in der Lage, Prüfverfahren auszuwählen und anzuwenden.

2.2.3 Feinlernziel (Microziel):

Hierbei werden dem Auszubildenden spezielle Kenntnisse vermittelt, um diese bei Störungen, Mängeln sowie Fehler zu erkennen. Dieses Lernziel gilt als erreicht, wenn er die obengenannten Arbeitsschritte fehlerfrei durchgeführt hat und die Tätigkeiten nach der Unterweisung selbständig durchführen kann.

2.2.4 Operationalisiertes Lernziel:

Nach dieser Unterweisung ist der Auszubildende in der Lage, fachgerecht, fehlerfrei und selbstständig einen Gewinde nachzuschneiden und die UVV Vorschriften zu beachten.
Für den Auszubildenden sind diese Fertigkeiten und Kenntnisse die hierbei erlangt werden sehr wichtig, damit er selbstständig und mit ein gewissen Maß Eigenverantwortung arbeiten kann. Dieses trägt einem großen Teil an Motivation und Eigenständigkeit bei.

2.3 Lernzielbereiche: Kognitive Lernziele, Psychomotorische Lernziele, Affektive Lernziele

2.3.1 Kognitive Lernziele:

Bei diesem Lernziel soll der Auszubildende das Vorgehen beschreiben können. Einige Fehler die hierbei auftreten können sowie die Unfallverhütungsvorschriften UVV Maßnahmen soll der Auszubildende nennen und aufsagen.

Der Auszubildende:
- *kann beschreiben wie er die Arbeit eigenständig durchführt*
- *kann die Werkzeuge, das Material und die Hilfsmittel mit Namen nennen können*
- *Der Auszubildende soll geeignete Werkzeuge und Materialien für den jeweiligen Arbeitsschritt auswählen können*

2.3.2 Psychomotorische Lernziele:

Lernziel ist es, dass der Auszubildende anhand der angeeigneten Kenntnisse sicher die Unterweisung durchführen kann.

2.3.3 Affektive Lernziele:

Arbeitshinweise sowie die Vorschriften muss der Auszubildende beherrschen, um Fehler zu erkennen. Neben den fachlichen Vorschriften muss die entsprechende Sicherheitsvorschrift (UVV) beachtet werden.

Der Auszubildende
- *ist bereit sorgfältig sowie gewissenhaft die Arbeit abzuschließen*
- *ist bereit die Sicherheitsvorschriften (UVV) zu beachten und erkennt die Gefahren welche beim unsachgemäßen Umgang auftreten können.*

2.3.4 Fasslichkeit:

Es muss für die Auszubildenden die Anforderungen so gewählt werden, dass er sich nicht Über oder Unterfordert fühlt. Dieses kann schnell zu Misserfolgen und Langweile führen. Bei der Durchführung wird Übung erst langsam vorgeführt damit der Auszubildende diese genau beobachten kann und ggf. fragen stellen kann.

2.3.5 Erfolgssicherung der Unterweisung:

Durch ständiges Wiederholen der Übung wird dieses gefestigt, damit der Auszubildende in der Lage ist dieses Verfahren in praktischen Situationen anzuwenden.

2.3.6 Sicherung des Lernerfolges

Damit der Lernerfolg getestet werden kann, wird dieser über einen kurzen Test abgefragt und der Lernstoff noch einmal gefestigt.

2.3.7 Prinzip der Anschaulichkeit

Es ist sehr wichtig die Anschaulichkeit von zu vermittelndem Wissen durchzuführen. Somit werden möglichst viele Sinne erreicht. Beim Lernen gibt es viele verschiedene Lerntypen, wie z.B. Personen die am besten durch Kommunikation lernen.

Lernkanal	Behaltens Quote
Hören	20%
Sehen und lesen	30%
Sehen und Lesen und Hören	50%
Sprechen	70%
Selbst tun	90%

2.4   Einsatz von Ausbildungsmedien und Unterweisungsmedien

2.4.1   Arbeitsmaterialien und Arbeitswerkzeuge

Folgende Arbeitsmaterialien und Arbeitswerkzeuge werden benötigt:

- gut beleuchteter Arbeitstisch
- Aufgaben
- Arbeitskleidung
- Computer
- Bildschirm
- Maus, Tastatur
- Arbeitsspeicher
- Werkzeug
- Ableitungsarmband

2.4.2   Eingesetzte Unterweisungsmedien
- Modell
- Beamer
- Papier
- Merkblatt
- Stifte
- PC
- Zeichnung
- Fehlerbildkatalog (Falscher Umgang)

2.4. 3   Arbeitssicherheit

Der Auszubildende wir auf die Gefahren die im Betrieb an seinen Arbeitsplatz auftreten können hingewiesen. Diese Unterweisung kann mündlich sowie schriftlich durchgeführt werden und muss bei jeder neuen Arbeitsplatz wiederholt werden. In der Unterweisung müssen folgende Punkte angesprochen werden:

- ➔ Wie wird die PSA (Persönliche Schutz Ausrüstung) angewendet
- ➔ Werkzeuge etc. nicht in die Latzhose stecken (Arbeitsunfälle bei Sturz)
- ➔ Werkzeug nur für die Arbeit verwenden
- ➔ Ordnung und Sauberkeit
- ➔ Achtsam sein mit scharfen Gegenständen

3. Praktische Durchführung der Unterweisung nach der Vier-Stufen-Methode

3.1   Stufe 1:   Vorbereitung und Motivation des Auszubildenden

Zu Beginn der Unterweisung begrüßt der Prüfer nonverbal (Sprache) sowie Verbal (Berührung) den Auszubildenden freundlich. Nachdem der Kontakt zwischen Ausbilder sowie Auszubildenden hergestellt ist, teilt der Ausbilder dem Auszubildenden ein Praxisbeispiel mit.

Der Ausbilder fragt den Auszubildenden nach möglichen Ursachen, die vorliegen können. Der Ausbilder erklärt dem Auszubildenden im Vorfeld wichtige Grundlagen des Unfallschutzes und der Arbeitssicherheit, die während der Arbeit auftreten können. Bevor die Unterweisung beginnt, werden alle benötigten Utensilien ordentlich, übersichtlich und dachgerecht aufgebaut. Für die Unterweisung müssen alle Unterweisungsmittel bereitliegen.

Nachdem alles geschehen ist, fragt der Ausbilder nach bereits vorhandenem Wissen in diesem Bereich. Um Anschluss wird der Arbeitsplatz entsprechend vorbereitet.

3.2 Stufe 2: Vormachen und Erklären durch den Ausbilder

Der Ausbilder führt dem Auszubildenden einzelne Arbeitsschritte langsam vor.

Vorgangstabelle:

Nr.	Was	Wie	Warum	Wer	Lernbereich
1	Begrüßung	Um angenehme Lernatmosphäre zu schaffen	Ängste zu nehmen	Ausbilder	-
2	Nennung der Aufgabe / Lernziel	Freundliches Gespräch	Interesse vom Azubi wecken	Ausbilder	
3	Fragen nach Vorkenntnissen	Freundliches Gespräch	Damit Vorkenntnisse berücksichtigt werden können	Ausbilder	
4	Beurteilung von Beispielbildern	Bilder von falschen Arbeitsschritten begutachten	Urteilungsvermögen vom Azubi prüfen	Azubi	Kognitiv
5	Vorzeigen und Erklären der Arbeitsmittel	Alle Arbeitsmittel die benötigt werden aufzeigen	Bewusstsein für die Arbeitsmittel zu schaffen	Ausbilder	Affektiv
6	Vorbereiten der Arbeitsmittel	Sinnvolles Zurechtlegen von Arbeitsmittel	Für optimalen Arbeitsbeginn	Ausbilder	Affektiv
7	Funktion/Bestandteile erklären	mündlich	Mit Schaubilder / Präsentation etc.	Ausbilder	
8	PC vom Stromnetz trennen	PC-Netzstecker aus die Steckdose ziehen	Um keinen gefährlichen Schlag zu erleiden	Ausbilder / Azubi	
9	Kabelverbindungen trennen	Stecker herausziehen ggf. herausschrauben.	Um bestmögliche Arbeitsbedingungen zu schaffen siehe die Gefahr durch spannungsführende Leitungen auszuschließen.	Ausbilder	
10	Gehäuse vom Computer entfernen	Abdeckung vom PC entfernen dafür ggf. Schrauben mit den Schraubendreher lösen.	Um an den Arbeitsspeicher heran zu kommen.		
11	Computer auf die Seite legen		Um das Umfallen vom PC zu verhindern.		
12	Alte Komponenten ausbauen	Klammern sowie Kabel lösen und herausziehen. Darauf achten das man den	Um die Komponenten heraus zu lösen	Ausbilder	

		Kontakt mit Spannungsführenden Teilen vermeidet.			
13	Neue Komponenten einbauen	Komponenten hereinstecken Schrauben, Klammern wieder verschließen.	Damit die Komponenten fest am PC sitzen.		
14	Alle Verbindungen kontrollieren	Durch Sichtprüfung	Um die Funktion sicher zu stellen.		
15	Computer zusammenbauen	Seitenteile anbringen			
16	Funktionskontrolle	PC anschalten			

3.3 Stufe 3:   Nachmachen und erklären lassen:

Der Auszubildende führt die Übung selbstständig durch und erklärt dem Ausbilder die entsprechenden Arbeitsschritte. Der Ausbilder beobachtet hierbei die Tätigkeit des Auszubildenden und steht bei Problemen und Fragen helfend zur Seite. Dem Auszubildenden sollte in dieser Stufe genügend Zeit eingeräumt werden, so dass er das gerade eben erlernte auch wieder gedanklich hervorrufen kann. Der Ausbilder sollte auch dem Auszubildenden die Gelegenheit geben eventuelle Fehler selber zu erkennen und zu berichtigen.

Bei einem Eingreifen in die Übungsphase, ob aus Sicherheitsgründen oder nicht erkannten Fehlerursachen des Auszubildenden, muss darauf geachtet werden den Auszubildenden nicht zu verunsichern.

3.4 Stufe 4:   Üben und Festigen des Gelernten

Dem Auszubildenden wird in dieser Stufe Zeit gegeben, die einzeln durchgeführten Arbeitsschritte nochmals zu üben und zu festigen. Der Ausbilder befindet sich in der Nähe. Sollten Fragen oder Probleme auftreten steht er hilfreich zur Seite.

Erfolgskontrollen

Bevor ich den Auszubildende zum eigenständigen Üben, von der Unterweisung entlasse, frühe ich eine Erfolgskontrolle durch. Diese ist sehr wichtig um festzustellen zu können, ob der Auszubildende auch wirklich alles richtig verstanden hat. Vor allem erfrage ich nach den UVV (Schutzhandschuhe und Schutzbrille) so kann ich erkennen ob er ihre Notwendigkeit verstanden hat.

Abschlussphase

In der Abschlussphase erfolgt ein Ausblick auf die nächste Unterweisung, um weitere Motivation für zukünftige Ausbildungsunterweisungen zu schaffen und Entwicklungsmöglichkeiten aufzuzeigen. Schließlich bedankt sich der Ausbilder für die die Mitarbeit, verabschiedet sich freundlich und beendet die Unterweisung.

3.5 Merkblatt

Damit der Auszubildende die gelernte Übung besser nachvollziehen kann, kann man ein Merkblatt mit einigen Positionen erstellen.

Diese sollten einige Arbeitsschritte wiederspiegeln (ähnlich wie eine Checkliste) an der der Auszubildende die Übung wiederholen kann.

Für diese Unterweisung sollten folgende Punkte rausgenommen werden:

☒ Spannung vom PC trennen

☒ PC öffnen

☒ Arbeitsspeicher Aus- und Einbauen

☒ Funktion überprüfen

Dieses Merkblatt kann der Auszubildende in seine Unterlagen für die Schule heften oder in das Berichtsheft sodass er immer die Übung nachschlagen kann.

www.ingramcontent.com/pod-product-compliance
Lightning Source LLC
LaVergne TN
LVHW080120070326
832902LV00015B/2694